Ausgestorbene Tiere

von Dr. Erwin Eigner

gezeichnet von
Heinrich Heisters

Viele Tierarten sind in den vergangenen Jahrhunderten ausgestorben. Die meisten wurden von Menschen ausgerottet. Rücksichtslos verwerteten sie Fleisch, Haut oder andere Teile der Tiere. Oft standen sie dem Menschen auch nur im Wege. Sie wurden totgeschlagen oder blindlings abgeknallt. Hoffentlich gelingt es uns, die heute lebenden Tierarten zu erhalten.

SIEBERT u. ENGELBERT DESSART VERLAG · BAD AIBLING

Stellersche Seekuh (Riesenseekuh)
Im Jahre 1741 entdeckte der schiffbrüchige Arzt G.M. Steller auf den Kommandeur-Inseln zwischen Rußland und Amerika riesige Seekühe. Die größten erreichten eine Länge von acht Metern und das Gewicht eines Elefanten. Seekühe unserer Tage nehmen sich dagegen zwergenhaft aus (Bild unten). Innerhalb von 27 Jahren schlachteten russische Pelztierjäger alle diese friedlichen Pflanzenfresser wegen ihres Fleisches und der festen Haut.

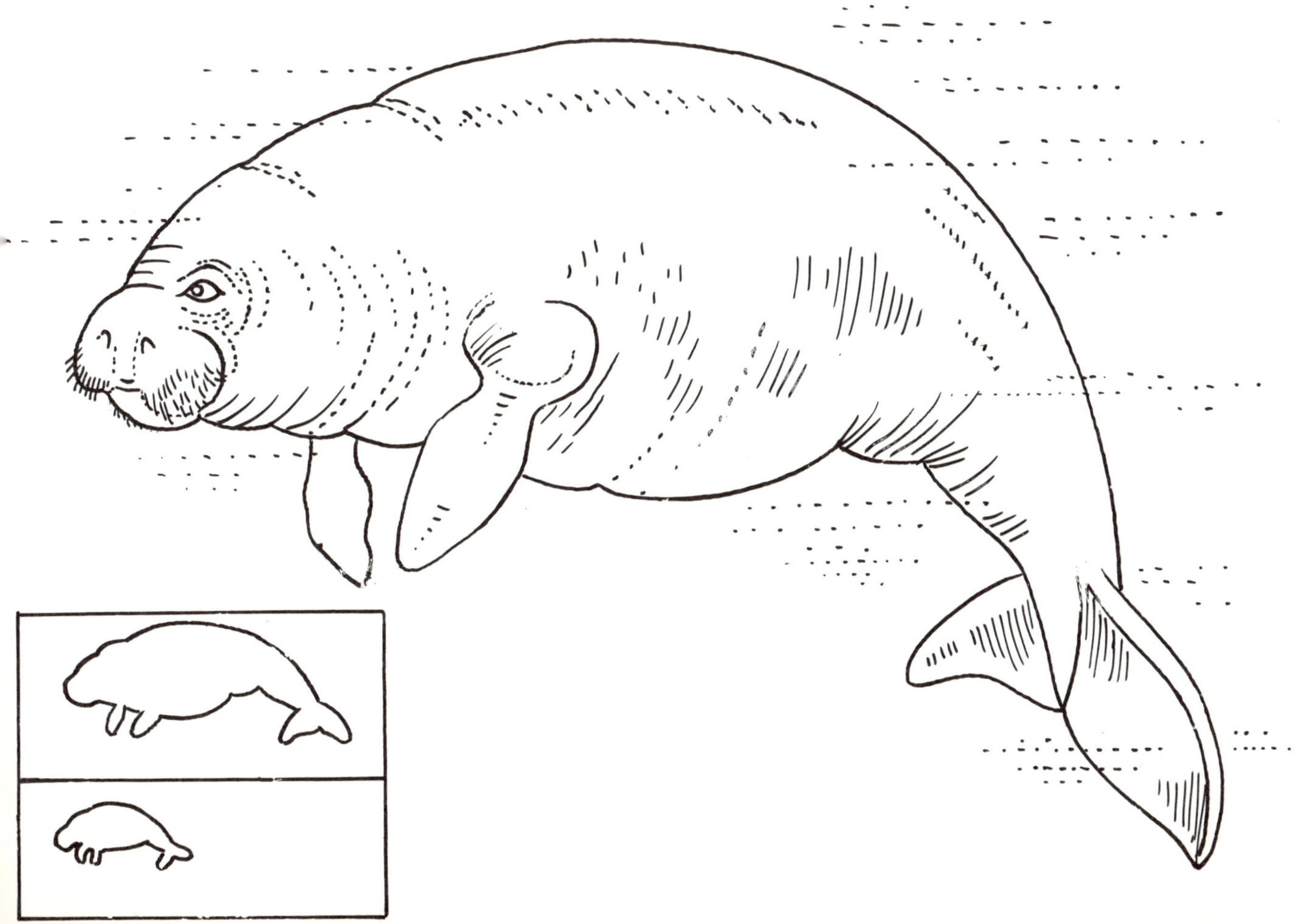

Dronte

Die Insel Mauritius wurde nicht nur wegen einer Briefmarke berühmt. Seefahrer fanden dort eine der seltsamsten Vogelarten der Erde. In einem alten Bericht über die etwa schwanengroßen Vögel, die Dronten, heißt es: ,,Sie können gar schnell laufen, wir jagten sie einer dem anderen zu, daß wir sie mit Händen greifen konnten.'' Die rücksichtslose Verfolgung führte vor etwa 300 Jahren zum Untergang dieser wehrlosen Tiere.

Auerochse (Ur)

Die Auerochsen lebten in kleinen Herden. Sie suchten in Auen und Wäldern ihr Futter. Der mächtige Bulle (männliches Rind) verteidigte seine Kühe (weibliche Rinder) und Kälber (Jungrinder) gegen den einzigen Feind, den Wolf. Zunehmender Ackerbau nahm diesen Wildrindern die Futterplätze. Im Jahre 1627 starb in Polen die letzte Kuh. Vor Jahrtausenden malten in Südfrankreich Jäger den Ur an die Wände von Felsenhöhlen. Diese Malereien sind noch heute erhalten.

Tarpan

In den weiten, menschenleeren Ebenen Südrußlands grasten noch vor über hundert Jahren die letzten Tarpane. Ein Hengst (männliches Pferd) führte jeweils die kleinen Herden von Stuten (weibliche Pferde) mit ihren Fohlen (Jungpferde). Der Leithengst wehrte auch Wolfsangriffe ab. Als die Grasebenen in Äcker verwandelt wurden, mußte der Tarpan auch hier weichen.
Im Jahre 1879 verendete die letzte Stute.

Riesenalk

Der Riesenalk konnte zwar nicht fliegen, doch ausgezeichnet schwimmen und tauchen. Er holte sein Futter aus dem Meer. Der heute noch lebende Dunkelalk (links) nimmt sich gegenüber dem 78 Zentimeter großen und etwa fünf Kilogramm schweren, ausgerotteten Vetter wie ein Zwerg aus. Im Jahre 1844 wurden die beiden letzten Riesenalken bei Island gefangen und umgebracht.

Moa
Auf der fernen Insel Neuseeland haben vor langer Zeit die Eingeborenen den Moa ausgerottet. Sie verfolgten diese riesigen Laufvögel wegen ihres Fleisches. Die größten Tiere wurden über drei Meter hoch und wogen bis zu 250 Kilogramm. Ihre Eier hatten ein Gewicht bis zu sieben Kilogramm. Es ist unbekannt, wann der letzte Moa niedergestreckt wurde.

Quagga
Seit 1883 gibt es keine Quaggas mehr. Sie bewohnten die weiten, baumlosen Grasebenen, die Steppen Südafrikas. Der Name dieses Wildpferdes geht auf seine Stimme zurück. Diese klang den Eingeborenen wie „kwa-ha-ha".

Blaubock

In den Buschwäldern Südafrikas ästen noch bis zum Jahre 1800 die Blauböcke. Sie trugen riesige, kreisbogenförmig geschwungene Hörner. Nur Löwen und Menschen bedrohten diese wehrhaften Antilopen. Durch die Kugeln der Weißen wurden sie schließlich ausgerottet.

Wandertaube
Als die Europäer Nordamerika besiedelten, lebten viele Millionen Wandertauben im Land. Taubenschwärme sollen damals manchmal ,,den Himmel verdunkelt'' haben. Das große Abschlachten begann, nachdem die großen Eisenbahnlinien gebaut waren. Jetzt konnten die getöteten Tauben schnell auf die Märkte in den Städten gebracht werden. Die letzte Wandertaube lebte bis zum Jahre 1914 im Zoo.

Jetzt zeig, was du über ausgestorbene Tiere weißt!

1. Warum wurden Tiere rücksichtslos getötet?
2. Welche Tiere wurden ausgerottet, weil sie den Menschen im Wege standen?
3. Welche Vögel verschwanden als erste von der Erde?
4. Welche Leute waren an der Ausrottung beteiligt?
5. Von welchen Tieren wurden die Herden der Auerochsen (Ure) und Tarpane angeführt und verteidigt?
6. Wie werden männliche, weibliche und junge Auerochsen (und auch Hausrinder) genannt?
7. Wie werden männliche, weibliche und junge Tarpane (und auch Hauspferde) genannt?
8. Nenne natürliche Feinde der ausgerotteten Tiere.
9. Seekühe und Alken gibt es auf der Erde auch heute noch.
   In welchem Merkmal unterscheiden sie sich von ihren ausgerotteten Verwandten?
10. Welche Vogelart wurde vernichtet, obwohl sie aus Millionen von Tieren bestand?
11. Welche Bedeutung kommt der Eisenbahn bei der Ausrottung der Wandertaube zu?
12. Von welchem Tier ist der Zeitpunkt der Ausrottung unbekannt?
13. Welche der ausgestorbenen Tiere waren Pflanzenfresser?

Antworten

1. Wegen ihres Fleisches, ihrer Haut und anderer Teile. Auch standen sie der Ausbreitung des Ackerbaus im Wege.
2. Auerochse (Ur) und Tarpan.
3. Flugunfähige Vögel: Moa, Dronte, Riesenalk.
4. Pelztierjäger (Stellersche Seekuh); Seefahrer (Dronte); Landwirte (Tarpan) und viele andere.
5. Stets von älteren und erfahrenen männlichen Tieren, den Leittieren.
6. Männliche – Bullen; weibliche – Kühe; junge – Kälber.
7. Männliche – Hengste; weibliche – Stuten; junge – Fohlen (oder Füllen).
8. In Europa der Wolf, in Afrika der Löwe.
9. In der Größe. Die heute noch lebenden Verwandten sind sehr viel kleiner.
10. Die Wandertaube in Nordamerika (USA).
11. Mit der Eisenbahn konnten die massenhaft erlegten Wandertauben schnell zu den Märkten in den großen Städten gebracht werden.
12. Vom Moa.
13. Mit Ausnahme des Riesenalks alle. Der Riesenalk ernährte sich von Meerestieren.